Le monde merveilleux des animaux en photos

LES CHIOTS

Le monde merveilleux des animaux en photos

LES CHIOTS

Piccolia

Recherche photographique : Brandi Valenza

5, rue d'Alembert
91240 Saint-Michel-Sur-Orge
Dépôt légal : 3ème trimestre 2008
Loi n°49-956 du 16 juillet 1949 sur les publications destinées à la jeunesse.
Imprimé à Singapour.

Tous les chiens descendent du loup, qui a été domestiqué par l'homme il y a 13 000 ans.

Au début, les loups et les humains cohabitaient sur le même territoire et se nourrissaient des mêmes animaux. Petit à petit, le loup a accepté de se laisser approcher par l'homme. Celui-ci l'a alors utilisé pour se protéger des prédateurs et pour chasser. Plus tard, quand il a commencé à élever du bétail, le chien l'a aidé à garder les troupeaux.

C'est ainsi que tout a commencé.
Aujourd'hui, le chien est considéré comme un des meilleurs amis de l'homme !

À la naissance, les chiots ont les yeux fermés et sont totalement sourds. Ce n'est que vers trois semaines qu'ils commencent à voir et à entendre : ils peuvent enfin partir à la découverte de ce qui les entoure ! Mais le chiot reste toujours près de sa maman car il passe beaucoup de temps à téter.

Aux alentours d'un mois et demi, le chiot mange comme ses parents et devient plus indépendant : se promener dans les bois avec un copain ou faire le fou dans le jardin avec ses frères, c'est tellement bien !

Les chiens peuvent être très dissemblables les uns des autres : adultes, ces deux-là seront de taille très différente : le coton fera 20 cm et le Saint-Bernard près de 1 m !

Leur pelage peut être noir, blanc, brun, roux ou de toutes ces couleurs à la fois. Certains possèdent un museau allongé et d'autres l'ont tout aplati.

Les chiots qui naissent ensemble d'une même mère forment ce qu'on appelle une portée. Généralement, une chienne donne naissance à une portée de 3 à 6 chiots. Mais exceptionnellement, celle-ci peut atteindre 12 petits.

Dès leur plus jeune âge, les chiens ont une ouïe et un odorat bien plus développés que ceux des êtres humains.

Les chiots font très souvent la sieste car ils se dépensent beaucoup quand ils jouent. Ils peuvent dormir quinze heures par jour.
Il ne faut surtout pas réveiller un chiot qui dort, car s'il manque de sommeil, il peut devenir agressif.

Après un bon petit somme, rien de plus agréable que de mâchonner un jouet, un bout de bois, un os…

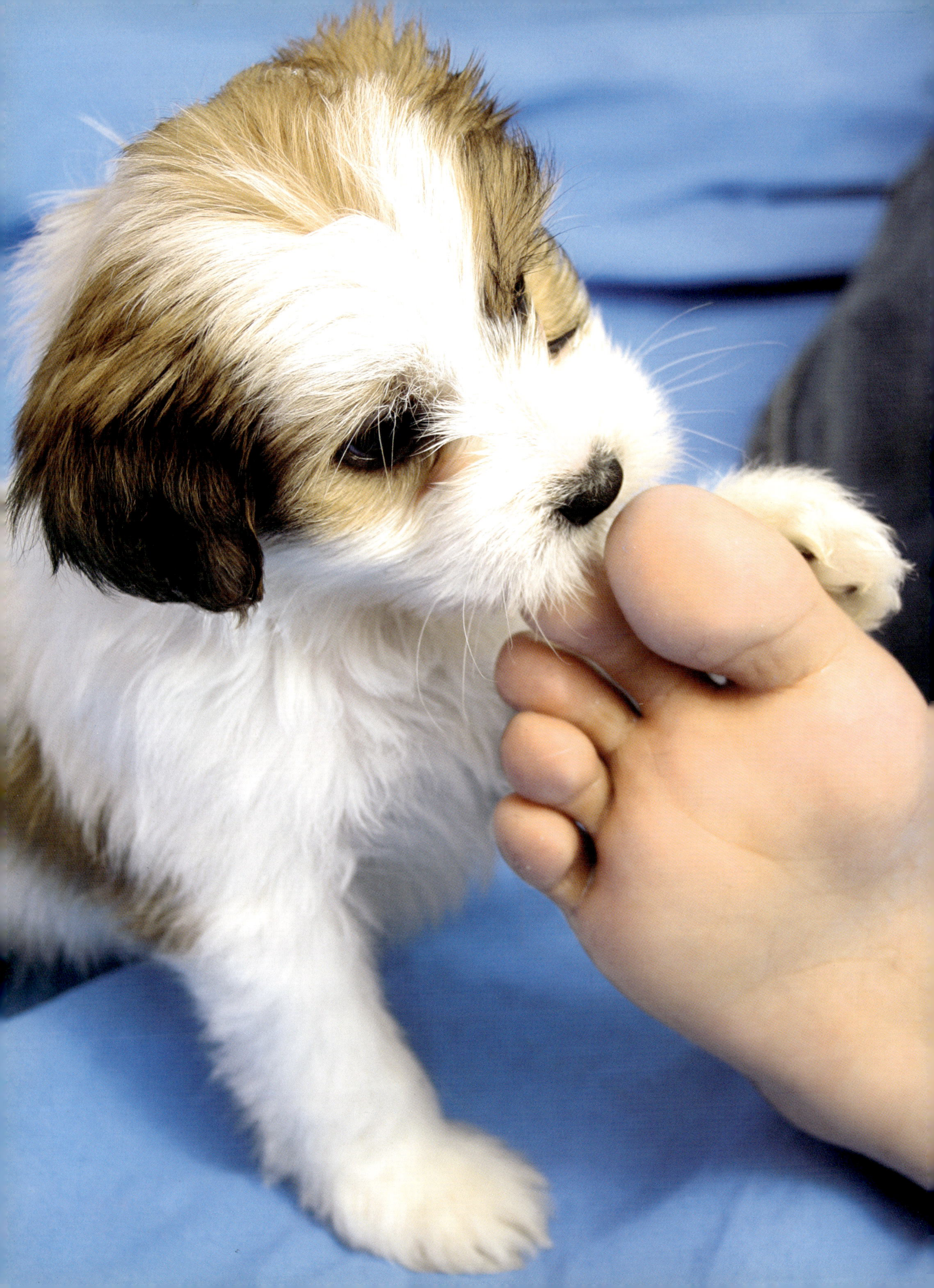

… ou un doigt de pied !

Lorsqu'ils courent, les chiots dépensent deux fois plus d'énergie qu'un chien adulte. Parfois, tu en verras tourner en rond pour attraper leur queue !

Qu'il soit jeune ou adulte, le chien a besoin de grands espaces car il adore faire de longues promenades. Et après l'effort, un peu de repos !

Après avoir beaucoup couru ou quand il fait très chaud, les chiens tirent la langue. Cela leur permet de réguler la température de leur corps.

Même seul, le chiot trouve toujours à s'amuser. Il n'a pas besoin de jouets très sophistiqués : un bout de bois lui suffit !

Les chiens sont des animaux de compagnie fantastiques et certains nous aident dans des tâches qui ne sont pas toujours faciles.

Grâce à leur flair, ils sont capables de retrouver des personnes ensevelies sous la neige par une avalanche ou sous les gravats lors de tremblements de terre.

Certains chiens sont dressés pour guider les aveugles : ils les dirigent, les aident à traverser la rue et leur indiquent s'il y a des marches à monter ou à descendre !

Certaines espèces vivent dans les pays froids et sont utilisées pour tirer des traîneaux. C'est un moyen de transport très pratique et les chiens, qui aiment beaucoup courir, adorent rendre ce service !

Si tu veux adopter un chiot, il faut respecter certaines règles :

- S'il a moins de quatre mois, lui donner à manger plusieurs fois par jour. Ensuite, une seule fois suffit.
- Changer très régulièrement l'eau de son bol.
- Dès ses premiers jours à la maison, montrer le chiot à un vétérinaire pour le faire tatouer et vacciner ou vérifier que tout va bien.

Comme tu le sais,
le chiot joue avec
tout ce qu'il trouve.
Alors fais attention
à tes chaussures
préférées car
il risque de les
mordiller !

Quand tu veux faire un câlin à un chiot, sais-tu comment le porter sans lui faire mal ? Il faut simplement placer une main sous ses pattes avant et mettre l'autre sous son arrière-train. Puis, tu le soulèves. Ce petit chien aimerait bien être pris dans les bras.

Une balle qui roule sur le tapis ou un papillon voletant de fleur en fleur ? Les chiots semblent toujours prêts à jouer !

Les chiens communiquent entre eux en aboyant, en se reniflant et en remuant la queue et les oreilles. Ces chiots, par exemple, savent qu'ils sont de la même portée rien qu'en se flairant ! L'autre petit chien attend tranquillement qu'ils finissent leur câlin pour pouvoir enfin jouer avec eux.

Quel réconfort
que de se reposer
sur une moquette
bien moelleuse ou
de manger après
avoir fait les fous !

Un chiot a besoin de beaucoup d'attention :

il faut lui parler et jouer souvent avec lui.

Les chiens se lèchent mutuellement pour manifester leur affection. Ils le font aussi avec les hommes : un chien qui vient te lécher la main veut te dire qu'il t'aime bien et que tu es son ami.

Ce sont, avec les chats, les meilleurs amis de l'homme.

Il existe près
de 420 races
différentes de
chiens. Tu as donc
le choix si tu veux
en adopter un !

Si tu as déjà un chiot, demande des conseils à ton vétérinaire pour bien l'élever. C'est très important car l'éducation se fait quand l'animal est tout petit. En effet, il est très difficile de faire perdre de mauvaises habitudes (aboyer tout le temps, faire ses besoins dans la maison, mordiller les coussins, etc.) à un chien adulte. Voilà un chiot qui n'a qu'une hâte : jouer avec toi !

Crédits photographiques

Légende : DT = Dreamstime ; iSP = iStockphoto ; LO = Lucky Oliver ; SST = Shutterstock
2 SST ; **5** SST ; **6** SST ; **9** SST ; **10** haut DT, bas LO ; **11** SST ; **12** SST ; **13** SST ; **14** SST ; **15** haut DT, bas SST ; **17** DT ; **18** iSP ; **19** haut iSP, bas iSP; **20** SP; **22** haut iSP, bas iSP ; **23** SST ; **24** SST ; **25** SST ; **26** iSP ; **27** SST ; **28** SST ; **29** SST ; **30** SST ; **31** haut DT, bas iSP ; **32** SST ; **34** iSP ; **35** iSP ; **37** SST ; **38** SST ; **39** iSP ; **41** SST ; **42** SST ; **44** SST ; **45** SST ; **47** SST ; **48** iSP ; **49** SST ; **50** DT ; **52** iSP ; **53** iSP ; **54** SST ; **55** iSP ; **57** iSP ; **58** SST ; **59** SST ; **60** iSP ; **61** haut DT, bas SST ; **63** iSP ; **64** iSP